UMA AVENTURA
POR DENTRO DA MENTE

Escrito por Mark Grixti

Ilustrado por Rosanna Dean

Prefácio de David Grand, PhD

Brainspotting com crianças e adolescentes
Uma aventura por dentro da mente

Texto ® Mark Grixti 2015
mark@grixti.co.uk

Ilustrações ® Rosanna Dean 2015

Tradução ® Gardhenia Fujii 2016

Revisão ® Salene Souza 2016

Publicado na Grã-Bretanha pela Editora Sattva

ISBN
Impresso: 978-0-9934269-5-7

Agradecimentos

Agradeço a Roman, TJ, MN e a todas as incríveis crianças e adolescentes que me inspiraram e me ensinaram tanto.

Prefácio

"Onde olhamos afeta como nos sentimos." Nossos traumas podem ser detectados nos nossos reflexos comuns da face e dos olhos, e por meio dessas janelas para os nossos estados mentais internos, o estresse emocional pode ser eficazmente aliviado em adultos e crianças.

Desde a descoberta do Brainspotting em minha prática psicoterapêutica em 2003, venho durante muitos anos desenvolvendo e aprimorando esta abordagem. Muitos profissionais dos Estados Unidos, Europa, América do Sul, Oriente Médio e Ásia têm usado o Brainspotting para aliviar o sofrimento humano e facilitar a cura emocional.

Brainspotting é uma terapia baseada no corpo e no cérebro que se apoia intensamente na profunda sintonia com o psicólogo. Dr. Mark Grixti é um psicólogo com experiência em pensamento sistêmico e não foi nenhuma surpresa para mim, ler seu livro que reflete completamente o seu compromisso de sintonia com o paciente, o que fica evidente na narrativa lúdica e fluída em rimas e nas encantadoras ilustrações dos pandas. Esta combinação artística permite ao leitor a experiência em primeira mão do poder da "função cerebral direita" que opera lado a lado da percepção consciente, resultando assim em uma experiência emocional significativa. Ou em outras palavras, assim como a arte, sabemos que o amor, a empatia e a conexão são experienciados em um nível emocional que geralmente transcende e vai além das palavras.

Por meio de uma abordagem singela, apaixonante e ricamente lúdica, o leitor consegue ter a visão da experiência do trauma e dos estágios de uma boa terapia baseada em estados mentais em sintonia dual. Com o apoio do Grande Panda, Pandinha concorda em aceitar ajuda. Eles buscam então o psicólogo de pelo branco e preto, que com a ajuda de um pedaço de bambu, um pouco de música e um papagaio bochechudo, leva Pandinha a aprender a entender melhor as suas emoções difíceis, a como construir recursos psicológicos e como utilizar seu incrível potencial de cura pela mente com a terapia de Brainspotting bem afinada.

Brainspotting com crianças e adolescentes: Uma aventura por dentro da mente busca apresentar uma técnica psicoterapêutica poderosa e eficaz de maneira lúdica, respeitosa e tranquila. Foi escrito com o intuito de motivar e esclarecer crianças, adolescentes, famílias e profissionais em sua jornada pela busca de uma cura emocional profunda.

David Grand, PhD
*Brainspotting: A nova terapia revolucionária
para uma mudança rápida e eficiente*
Nova York

UM LIVRO SOBRE BRAINSPOTTING

Este livro conta a história de um panda
Bem jovem ainda
Que se sentia angustiado e sem nenhuma alegria

Nesta aventura
Pandinha faz uma descoberta
Que lhe traz cura e uma recuperação profunda e certa

A descoberta do ursinho tem um nome intrigante
Será que você consegue adivinhar
Em um jogo interessante?

Não é rebimboca ou parafuseta
ou geringonça ou trambolhão
Nem mesmo gárgula ou gargalhada
Besteira ou confusão!

A resposta certa para esta charada?
Pandinha encontrou...
BRAINSPOTTING
E você agora, o que achou?

Pode parecer estranho
Até incomum posso dizer
Então sem mais demora explicarei como fazer...

PANDINHA ESTÁ BEM ANGUSTIADO

Pandinha estava se sentindo infeliz e triste
Sentia-se bem esquisito
O pior que existe.

– Oh, meu jovem – rosnou o Grande Panda
– Você teve alguns momentos difíceis
Mas você está seguro agora
– E sabe Pandinha, eu também estou.

– Tive uma ideia e acho que você vai gostar
Nós podíamos procurar um *psicólogo*
Que para você sentir-se bem pode ajudar

Um "bicho com torcicolo"
é muito assustador !
Não me parece nada animador...

Pandinha engasgou assustado
E agarrou-se no Grande Panda bem apertado

– Não é um *"bicho com torcicolo",* mas sim um psicólogo
Grande Panda disse explicando bem devagar
– Uma pessoa amiga e pronta para facilitar
Que ajuda essa coisa a passar

Pandinha ainda estava preocupado
E não parecia contente
– Devem me achar um bobo, burro ou demente!

Grande Panda disse então gentilmente:
– Como você não é bobo nem nada
Sabe bem que quando temos problemas,
procurar ajuda é a melhor sacada!

CONHECENDO O PSICÓLOGO

...E SEU PAPAGAIO!!

No outro dia, os pandas
atravessaram a cidade bem logo
Para a primeira consulta
Com o gentil "bicho com torcicolo"

Que nem era tão torto assim
Apenas tinha o pelo branco e preto
Orelhas e patas pretas enfim

– Muito prazer em te conhecer,
Sente-se onde desejar,
Disse o psicólogo gentil,
E então os pandas escolheram um lugar

– Pode me chamar só de "Doc"
Assim ficou mais fácil de entender
E depois, um pássaro bem colorido,
Pandinha pôde ver

Berrou o papagaio do Doc
– Agora não, Polivagal
Você não faz parte desta fábula, nem mesmo no final

– Antes de ir mais além –
Doc perguntou:
– Talvez você possa me dizer
O que lhe faz sentir-se bem?

Pandinha ficou surpreso e deu um sorriso grande e largo
Falar sobre seus hobbies
Sempre o deixou bem entusiasmado

11

– *Eu sou bom em correr*

me pendurar

e pular

Pandinha começou a explicar
– Quando estou me divertindo,
eu fico forte e a dor não tem lugar!

– Isso é muito bom – disse Doc
– Quando você, consigo mesmo, sente-se bem
O segredo para melhorar sua saúde você obtém

PANDINHA APRENDE ALGO MUITO ESPECIAL

– Na sua cabeça você tem um cérebro – disse Doc
Que é incrivelmente inteligente
E lembra-se de tudo para sempre e completamente

– E seus olhos são sábios
Ajudam seu cérebro a lembrar-se ainda mais de tudo que se passa
Doc então perguntou:
– Qual a cor da porta da frente de sua casa?

Mesmo sem Pandinha perceber,
seus olhos sabiam o que fazer
Encontraram uma nova posição olhando ao sul
– *Nossa, isso é fácil. Ela é azul!*

– Incrrrrível! – disse Doc
– Seus olhos sabiam bem aonde ir
Para a resposta certa encontrar
À direita, à esquerda, descer ou subir!

E no rostinho peludinho do Pandinha
Um sorriso a surgir já começava
E seus olhinhos fixavam um mesmo ponto
Enquanto Pandinha pensava

Doc disse então ao Pandinha:
– Tem outra coisa que eu também busco fazer
Um bambu em minha mão gosto de ter

– Posso comer?
Perguntou o Pandinha
Dando uma piscadinha...

Sonhando com sorvete e uma torta de bambu quentinha

– Talvez mais tarde – disse Doc
Com o bambu a segurar
– Este bambu também ajuda seus olhos
As memórias encontrar

– E mais uma coisa – Doc disse ao Pandinha
– Podemos ter a ajuda dos seus ouvidos
Você pode ter música para escutar
E seus medos afastar

Primeiro os olhos e agora os ouvidos
Pandinha aprendeu muito aquele dia
E com seus fones de ouvido no lugar
Um belo de um DJ parecia!

Parecia que tudo estava indo bem
Com as músicas especialmente
Mas então Pandinha chorou e disse:
– E se eu fizer tudo errado e diferente?

– E se eu não conseguir olhar para
o lugar certo? – Pandinha perguntou
Ou se eu não pudesse ver?
E se eu fizer tudo errado
Será que vou enlouquecer?

– De jeito nenhum – disse Doc
– Com os olhos fechados ou abertos
Em seu cérebro você pode confiar
Ele sabe bem para onde te guiar.

Quando você olhar para o ponto certo
E nos sentimentos se concentrar
Seu cérebro localizará a dor
E a cura vai começar

Brainspotting então começou a mais fácil parecer
Doc parecia confiante e Pandinha menos medo passou a ter

– Agora faz sentido, Doc
Estou entendendo melhor
Quando para *fora* eu olhar
Bem *dentro* também posso enxergar

Para liberar os maus sentimentos
Que meu controle quiseram tomar
Olho para o bambu e deixo minha mente voar

– Isso mesmo! – sorriu Doc
Sua mente pode toda a confusão processar
Para que você melhor possa estar

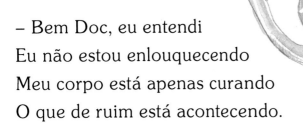

– Bem Doc, eu entendi
Eu não estou enlouquecendo
Meu corpo está apenas curando
O que de ruim está acontecendo.

– Se eu conseguir olhar para o ponto
onde sinto aquela velha dor e tal
Meu corpo e meu cérebro podem
descarrega-la como em um canal!
Agora que Pandinha entendeu
que não tem como errar
Ele gargalhava enquanto a
sua canção estava a cantar

Um canal para o cérebro!
Quero logo experimentar
Enquanto escuto música
vou poder me curar

EXPERIMENTANDO O BRAINSPOTTING

Pandinha continuou então a contar
Porque foram com Doc se encontrar:
– Tudo está muito esquisito
E bem não consigo ficar

– Acho que deveria lhe dizer
Mas não sei como fazer
Falar sobre isso tudo
É como se de novo estivesse a acontecer!

As memórias voltam
E tão reais parecem ser
Confusão e tontura
Minha barriga gira e começa a se contorcer

Doc conforta o Pandinha:
– Está tudo bem em emoções fortes sentir
Isto está no passado agora
E você está seguro, posso lhe garantir

Pandinha com certeza era muito corajoso
Visualizando uma imagem de sua preocupação
Colocou os fones de ouvido
Calmo e bem devagar, sem agitação

– Ok – disse o corajoso Pandinha
Focando bem na ponta
do seu pedaço de bambu
Imaginando o que poderia acontecer
E como tudo muito novo parecia ser
Pensar em memórias estranhas
Enquanto olhava para seu bambu.

Pandinha ficou com estas emoções
E sentiu uma enorme dor
Mas aguentou firme como se apenas visse um jogo no computador

Imagens e memórias surgiam
Em sua mente
Pandinha teve algumas boas lembranças
Mas algumas eram desagradáveis totalmente

Depois de um tempo ficou mais fácil
Menos tenso
E Pandinha percebeu que as coisas
Tinham mais senso.

Não era como mágica
Que as coisas faz desaparecer
Apenas mais calmo e gentil
E sem medo envolver.

O rostinho de Pandinha foi ficando mais tranquilo
À medida que o sofrimento sumia
Ele respirou fundo e deixou escapar...
Um arroto que saía!

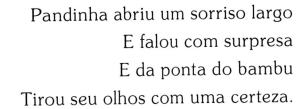

Pandinha abriu um sorriso largo
E falou com surpresa
E da ponta do bambu
Tirou seu olhos com uma certeza.

Pandinha olhou logo para Doc e disse:
– Eu me sinto diferente
É como se algo
Tivesse se consertado totalmente

– Não de um jeito ruim
Bem, deixe-me explicar
É como ter meu corpo e cérebro
Como amigos a me ajudar

As preocupações
Ficaram muito menores e sinto-me bem
Estou mais relaxado
E com vontade de brincar também

E isto foi uma notícia muito boa
E Pandinha realmente brincou
Animado e feliz
O resto do dia ficou.

SENTINDO-SE BEM

Durante algumas semanas
Os pandas foram ver Doc novamente

Às vezes iam a pé até lá
Outras vezes num trem excelente.

Cada vez era diferente
Doc tinha muitas ideias
E pouco a pouco
Os medos desapareciam.

Estourando de felicidade
– Você está mais bochechudo
e sorridente como nunca!
Sorriu e comentou o
Grande Panda contente
Enquanto se abraçavam calorosamente

Grande Panda e Pandinha
Se divertiam de montão
Eles riam cada vez que Pandinha
entoava as rimas da canção:

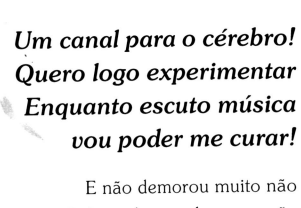

Um canal para o cérebro!
Quero logo experimentar
Enquanto escuto música
vou poder me curar!

E não demorou muito não
Polivagal aprendeu a canção
E cantava bem forte
Enquanto Doc cantarolava então

Vimos que com o Brainspotting
Você tem por onde seguir
Até aonde sua mente pode ir
Ninguém pode decidir

E é bem como nesta história
Que numa ou outra vez
Você pôde perceber
E ouvir rimas com fluidez

Todas as histórias rimam?
Todos os sentimentos fluem?
Algumas pessoas dizem que sim
Algumas pessoas dizem

...talvez não.

Made in the USA
Columbia, SC
09 May 2017